AF435025

*Catalogación en la publicación – Biblioteca Nacional de Colombia*

Nájera Galvis, Róbinson
    El acordeón de los dioses / Róbinson Nájera Galvis ; ilustrado por
Federico Neira  -- 2a. ed. – Bogotá : Editorial Magisterio, 2016.
    131 p. : il. – (Colección oso de anteojos

    ISBN 978-958-20-1230-4

    1. Cuentos colombianos - Siglo XXI  I. Neira, Federico, il.
II. Título III. Serie

CDD: Co863.44 ed. 23                    CO-BoBN– a991231

# El acordeón de los dioses

Robinson Najera Galvis

ILUSTRADO POR: FEDERICO NEIRA

**Colección El Oso de Anteojos**

**TÍTULO ORIGINAL DE LA OBRA:
EN EL PAIS DE LOS CHIMILAS**

©     Róbinson Nájera Galvis

©     Cooperativa Editorial Magisterio
Diagonal 36bis no 20-70
PBX: 0571-3383605
Bogotá, D.C. Colombia
*www.magisterio.com.co*

ISBN:9789582012304
Segunda edición, 2016
Ilustración de portada:
Diseño e ilustración interior: Federico Neira

# El país de la música

El día que Fredy llegó al país de los chimilas el cielo intentaba ser sereno y transparente, sin embargo, algunos nubarrones manchados de sol osaban empañar su claridad cristalina.

En ese atardecer, la brisa era una niña que jugaba a las cometas con las hojas que desprendía de los árboles. Reía con su voz susurrante cuando las hojas asustadas buscaban abrazarse en las alturas. Se escondía para verlas caer a un destino incierto y luego volvía a aparecer. Las hojas, sin ninguna clase de reparos seguían este juego, salpicando el cielo con verdes chispazos de naturaleza.

Algunos pájaros, enloquecidos de alegría, con el pincel de su cola dibujaban en el aire círculos y espirales e inventaban innumerables figuras en el vacío. Otros, amenizaban la pintoresca faena en un do-re-mi-fa-sol-la-si inconfundible desde las ramas de los árboles.

Fredy, inseguro y con una mezcla de alegría y nerviosismo, dibujó por primera vez la huella en su tierra prometida. El país de los chimilas, era llamado también país de la música, porque, según versiones de Pedro Batata, un anciano de 104 años que conocía la región como la palma de la mano, en este valle nació la música, cuando el mundo era apenas un niño grande e ingenuo, envuelto en los pañales del silencio. En ese entonces las únicas notas existentes eran los silbidos del viento que bajaba raudo por las montañas como un mensajero espontáneo, y el murmullo de las aguas que incansables recorrían la inmensidad del valle en forma de ríos.

Fredy recibió una grata impresión de los poderes de la naturaleza en esta región: tierra llena de encantos, mitos, embrujos y leyendas, donde hasta las culebras eran aficionadas a la música. Años atrás, Adelmo López había comprendido esta afición y por ello se hizo famoso con el singular espectáculo de las culebras hipnotizadas.

# Adelmo López y las culebras

Todos los domingos después del desayuno, Aldelmo López aparecía en la plaza. La camisa blanca calcaba la musculatura de su tórax. El pantalón caqui terminado en un dobladillo hacia arriba mostraba la perfección de los pliegues almidonados, y las abarcas de látigo rústico dejaban ver la rudeza de sus pies.

En medio de la plaza, señoreaba un palo de mango como un rey que extiende múltiples brazos. Este árbol, cómplice incondicional de rondas y juegos infantiles, de reuniones informales, de pasatiempos de jóvenes y adultos, testigo fiel del espectáculo de las culebras hipnotizadas, constituía una especie de templo para el pueblo chimila.

Adelmo López llegaba solemne con el acordeón a la espalda. Enseguida, los niños se trepaban al palo de mango y los señores se acercaban dejando libre un círculo de tres metros de radio. Entonces el brujo ocupaba el centro del círculo y murmuraba algo que nadie entendía. De pronto, su voz de tenor se dejaba escuchar en toda la plaza: "El taburete", decía. Un muchacho corpulento hacía su aparición con una plataforma de dos metros de alto. Se percataba de que quedara bien puesta y se escurría en medio de la multitud. Luego, volvía a aparecer con una escalera cuyos peldaños estaban sujetados a la fuerza con bejucos cruzados. Recostaba la escalera a la plataforma y ayudaba a Adelmo López a subir para que todos lo vieran maniobrando con el acordeón. Salía de la escena.

Algo ceremonioso, Adelmo López se sentaba. Suspiraba profundo. Hacía unos conjuros en el aire y empezaba a tocar el acordeón. Se contorsionaba. Miraba al cielo. Estiraba y encogía el instrumento. Poco después, atraídas por las maravillosas notas que ondulaban en el espacio y le quitaban la tristeza al viento, las culebras iban apareciendo entre los pies de los espectadores y se ubicaban a su alrededor. Como la música era una mordaza que inmovilizaba su venenosa arma, no mordían a nadie. Hipnotizadas por las mágicas melodías,

quedaban estáticas, impedidas, en un completo
estado de mansedumbre. Las que levantaban la
cabeza con intenciones sospechosas recibían de su
amo un salivazo tan fuerte en la cabeza, que las
mandaba a la otra vida.

# La princesa Barají

Barají era un pueblo de la sabana, que había tomado su nombre en honor a la Princesa Barají, una hermosa mulata que abrió por primera vez los ojos al mundo debajo de una mata de ají que quedaba a pocos metros de su casa.

La niña fue creciendo como un rosal. El tiempo contribuyó a desplegar sus pétalos al viento. Su cuerpo se torneaba con delicadeza y el sol le doraba la piel, mientras los ojos se convertían en dos llamas que encendían el fuego del amor.

Los comentarios de la belleza de la joven iban y venían por la región de la sabana del Sinú. El río envolvía en el murmullo de sus olas los perfumes de la princesa y los transportaba a otras tierras.

La madre, precavida y maliciosa, comprendió que su hija era un tesoro que debía cuidar con esmero.

Entonces la encerró en su propia casa. Los pretendientes no demoraron en llegar. De todas partes acudían con rosas, ofrendas y versos a implorar el amor de la princesa de la Vara de ají.

Las prohibiciones de la madre no lograron dominar los ímpetus del corazón de la princesa, que comenzó a palpitar con fuerza por un apuesto joven, el más intrépido de los verseadores que pretendían causarle desvelos a la preciosa adolescente.

Después de miradas y sonrisas correspondidas, la princesa llegó a confesarle al joven su aceptación. Él sintió trinar pajaritos en su corazón y un revoloteo de mariposas rojas en el interior de su cuerpo.

El invierno apareció y dejó en todas las plantas un toque de diferentes colores. También se metió por los poros de la naturaleza, llenándola de vida y alegría. Los corazones se colmaron de felicidad y ansias de vivir. El amor de los jóvenes se fortaleció, pero los caprichos de la madre no cedían del todo.

Buscando alternativas, el joven quiso sorprender a madre e hija con un regalo especial: el mejor caballo de su hacienda. Sería maravilloso ver a la princesa fuera de su encierro, desafiando la belleza del paisaje en el pasero corcel de algodón que antes que pisar el terreno lo acariciaba con sus cascos.

Terminada la doma, el joven esperó el sábado para entregar el preciado regalo. Una vez la noche ocupó su trono, partieron hombre y animal, pero iban tan ciegos de la dicha, que ninguno de los dos se percató de que a unos centímetros del recodo del camino una honda herida de la tierra, producida por la erosión, los esperaba para devorarlos. Ambos cayeron de cabeza al fondo del precipicio.

Enterada la princesa de lo sucedido, se aisló por completo, entró en total mutismo y su floreciente sonrisa quedó aprisionada en el dolor de la desgracia. Aunque no se le vio una lágrima, su alma se convirtió en un río.

Dos años demoró su ostracismo. Un día volvió a asomarse a la ventana. Las ofrendas, las rosas y los versos retornaron.

Hasta Rafael Augusto, renombrado poeta, que con su retórica y su caballo azabache había destrozado infinidad de corazones en la región de Santa Catalina, también quiso probar suerte. Después de cabalgar varios kilómetros, llegó cuando el sol luchaba por sostenerse encima de los árboles que, a la distancia, demarcaban el límite entre el cielo y la tierra.

Para llamar la atención desplegó varias figuras con el caballo frente a la casa de la princesa. El caballo relinchó. La brisa suave y débil, a duras penas alcanzó a acariciar los rostros. El poeta Rafael Augusto hizo que el caballo levantara las patas delanteras frente a la ventana. Detrás de él, más allá del camino, las pocas casas lucían absorbidas por el verde intenso de los pastizales brotados con fortaleza del vientre de la tierra. El caballo volvió a relinchar. La princesa se asomó a la ventana. El corazón del poeta, como la cuerda de una guitarra, vibró de emoción. La sonoridad de su voz salió sin dificultad para empapar el primer poema de melodía:

*Estás insoportable. No haces sino perturbarme*
*el corazón a cada instante. Ya no resisto más las*
*hermosuras que no te caben en el cuerpo.*

*Siempre que te cruzas en el túnel de mi vida, se me*
*aceleran los latidos, se me atolondran los sentidos y*
*me quedo atrapado, horas y horas, en las redes de*
*tu encanto.*

*No supe en qué momento bloqueaste los laberintos de
mi vida y robaste el calor de mi sangre con tus venas.*

*Cerca o lejos; entre el viento y la brisa: siempre que
te contemplo, casta; siempre que te admiro, pura;
siempre que te sueño, núbil, me desmorono por dentro
y mi tiempo se vuelve tuyo...*

*¡Dime!, ¿hasta cuando, impotente, tendré que sufrir
esta tortura... ?*

*Y aún no quieres admitir que, definitivamente,
estás insoportable.*

La princesa abrió sus labios para dejar escapar
una sonrisa y volvió a perderse en el misterio de
su laberinto. El poeta Rafael Augusto sintió que
su voz perdía el timbre inicial. La sonrisa de la
princesa penetró en su interior como una flor que
se abre y de inmediato se cierra. Al día siguiente,
como otros pretendientes, apareció muerto encima de una alfombra de esquirlas doradas, cerca a
la casa de la princesa, con una sonrisa de felicidad
en el rostro y unos versos inconclusos en el pecho.

Después de pasarse la vida rechazando el amor
que le ofrecían, la princesa de la Vara de ají, murió
a los 96 años, triste y solitaria, ahogada en la des-

esperanza de su propio desamor. Fue enterrada
debajo de la mata de ají, en el mismo
sitio donde había nacido.
Alguien con sentido la-
pidario, colocó en una
cruz de madera:

*Aquí yace la
Princesa Barají.*

# Fredy descubre su vocación

Fredy era un mozuelo alto, delgado y fileño. Sus cejas parecían dos brochazos encima de los párpados, y su caminar oscilaba entre la parsimonia y la lentitud. Durante los primeros años de su vida fue como todos los niños de Barají. En los atardeceres sus ilusiones volaban atadas a la cola de una cometa. Sus sueños giraban dibujados en la perilla de un trompo y sus pies tratando de acariciar una pelota de trapo, también pisotearon el dócil terreno de las calles del pueblo.

Pero unos años después, descubrió que estos juegos ya no llenaba su espíritu a plenitud. Necesitaba otras cosas con qué aplacar el volcán que irrumpía desde el fondo de su alma. Las noches en que la luna mostraba su completa redondez relumbrando como una moneda de oro, sentía que su ser vibraba por dentro y sus manos no podían quedarse quietas. Entonces comprendió que su destino estaba en la música.

En el colegio, también las cosas comenzaron a cambiar. Nada significaban para él, el enredo de números, signos y paréntesis dibujados en el tablero por el profesor Hermes Padilla; ni las explicaciones, casi declamadas, del profesor Plinio Coronado sobre células y tejidos. Sólo despertaron su interés las palabras del rector Lorenzo Quiroz, sabio consejero que tenía el don de quitarle la ponzoña a las palabras. Él las amansaba, las retocaba y las decía con dulzura.

El sabio Lorenzo, infundiendo ánimo a sus estudiantes dijo que Beethoven, a pesar de su sordera, llegó a ser uno de los mejores músicos del mundo gracias a su voluntad de hierro. Estas palabras fueron un puntillazo para Fredy. Su esfuerzo lo encauzaría a lo que anhelaba.

Fastidiado con los requerimientos y quejas por su falta de concentración, abandonó los estudios para afrontar con decisión el arte de la música. Entonces soñaba con sumergirse en ella y que a la vez ella se fundiera en él. Que le penetrara por la piel. Por los oídos. Por los ojos. Por las venas. Por el corazón… hasta que su más mínimo movimiento se convirtiera en melodía.

Ahora Fredy era prisionero de su sueño, y a través de la música buscaba abrir las puertas de su libertad. Fue así como se hizo amigo de Daniel Vergara, un joven unos años mayor que él y quien desafiaba todas las noches al silencio con una violina. Para que Fredy lo acompañara a trasnochar las brujas del pueblo, le prestó una rústica caja, instrumento musical que junto con el acordeón y la guacharaca conforman la trilogía vallenata.

Muy pronto Fredy aprendió a tocar mientras Daniel empezaba a exprimir un viejo acordeón de un solo teclado que alguien había traído de la Guajira. Se atrevieron a estar en algunos festivales para irse metiendo en el ambiente que añoraban. El futuro como una fruta madura, se abría lleno de esperanzas. Pero una noche Daniel desapareció misteriosamente del pueblo. Después de las serenatas que acostumbraban tocar por las calles, se despidieron como siempre en una esquina del parque San Roque. De allí no se supo más de él ni de su acordeón.

A pesar de la tristeza, la obstinación musical de Fredy creció. Ahora ambicionaba aprender a tocar el acordeón. Veía ese instrumento como algo mágico que sólo podía mirar y algunas veces palpar. Quería un acordeón propio.

—… No te desesperes. Tu tiempo llega. Todavía eres un niño —… lo consolaba Rúgero Suárez, músico en retiro que se hizo famoso por sostener con Enrique Díaz, El tigre de Maria Labaja, los más fervorosos duelos musicales.

—… Uno tiene que adelantarse al tiempo —… respondía el joven soñador.

# Pitalúa

Fredy no estaba dispuesto a esperar sin hacer algo por conseguir un acordeón. Para él, el tiempo caminaba con pasos de tortuga, mientras sus ansias iban en una contrarreloj que amenazaba con asfixiarlo.

Desesperado acudió donde Pitalúa, un desgarbado ladroncito que gozaba de fama y simpatía en el pueblo porque robaba por amor. Pitalúa, a lo Robin Hood, quitaba a los que mucho tenían para regalarle a los niños pobres. "Pitalúa, regálame un carrito", decía un chico. Pitalúa se perdía. Luego aparecía con el regalo. "Pitalúa, regálanos dulces". Pitalúa los traía. Gozaba mucho con la felicidad de los niños. Y ellos con la benevolencia del personaje.

Una mañana Fredy lo esperó en el parque, su lugar predilecto.

Pitalúa caminaba al paso de la brisa. En el día recorría el pueblo 3 o 4 veces. Iba al mercado.

Llegaba a la calle del comercio. Regresaba por detrás de la iglesia. Entraba en ella. Echaba una moneda a los santos. Bajaba los escalones del atrio y quedaba de frente al parque. Se sentaba en una banca y allí lo rodeaban los niños. Pitalúa les cantaba y les contaba la historia de sus travesuras.

Ese día Fredy lo esperó antes de llegar a la banca y lo encaró.

—… Viejo Pita, necesito un acordeón —… le dijo.

—… Es difícil, pero lo conseguiré —… respondió Pitalúa.

Fredy sonrió.

Pitalúa había protagonizado hazañas increíbles, que más tarde lo convirtieron en leyenda. Muchas veces lo encerraron en la cárcel, un lugar estrecho y desaseado, pero seguro por todas partes. Nadie sabe cómo Pitalúa escapaba por las noches. Recorría las calles, veía cine, le robaba a quien lo mandaba a encerrar y en la madrugada regresaba a la celda. Con eso probaba que el ladrón no era él, sino alguien que estaba afuera. Entonces lo soltaban. Al salir, a plena luz del sol, repartía las cosas hurtadas.

Se llegó a pensar que Pitalúa tenía un pacto con el diablo. Había quienes decían que se volvía invisible. Una vez a la vista de un ejército de policías, entró a un almacén. Llenó un costal de juguetes y salió corriendo. La persecución se hizo de inmediato, pero nadie logró encontrarlo. Él mismo contó a los niños que se había escondido detrás de un cable de la luz.

Para otros, tenía alas. Un 12 de junio durante la celebración de la fundación de Barají, nadie se atrevía colocar la bandera de Colombia en el monumento que imponente se elevaba hasta las nubes. Pitalúa lo hizo. Solicitó que todos mirasen hacia abajo por un momento. Cuando levantaron la vista, ya Pitalúa maniobraba con la bandera en la punta del asta, a 40 metros de altura. Los niños afirmaron que subió volando.

Pitalúa tocó a Fredy en el hombro:

—… Necesito algún tiempo —… dijo.

—… ¿Cuánto? —… preguntó Fredy.

—… Un mes es suficiente.

—… Está bien. Yo espero

Fredy no volvió más por el parque, dejó en total libertad a Pitalúa para que le consiguiera el acordeón. Al mes exacto lo buscó.

—… Nada —… dijo Pitalúa con tristeza.

—… Tómate otro tiempo. Yo sé que tú puedes —… lo animó Fredy.

—… No es tan fácil. Ya no soy el mismo de antes.

—… Si has hecho todo lo que has hecho, cómo no vas a conseguir un acordeón.

—… Eran otros tiempos —… se excusó Pitalúa.

—… Para mí sigues siendo un héroe y los héroes no fallan —… lo comprometió Fredy.

—… En el pueblo nadie tiene acordeón, ya lo averigüé.

—… Tus alas te llevarán a otras partes.

Pitalúa recorrió muchas calles, muchos barrios, muchos pueblos, pero no pudo cumplir.

Fredy tomó el fracaso con serenidad.

Viejo Pita, gracias, usted hizo lo que pudo —… le dijo.

Enseguida buscó otros medios.

# El Ánima del Camino

Una tarde cualquiera se dirigió al Ánima del Camino, un lugar milagroso que quedaba a tres kilómetros del pueblo. En ese sitio murió Buena Tenorio, una humilde campesina que trabajaba de sol a sol haciendo parir la tierra para nutrir con su esfuerzo a más de 30 ahijados que risueños florecían en el caserío.

Buena Tenorio salió una mañana, como muchas, a vender en su burro los productos al pueblo. De pronto, el animal, como si hubiese visto al demonio, se espantó, corrió, corcoveó sin control. La anciana, incapaz de sostenerse, salió disparada por encima de la cabeza del burro, estrellándose contra una piedra gigante que estaba a la orilla del camino.

El cadáver de Buena Tenorio fue llevado al caserío en medio de un nutrido desfile ahijados, comadres, compadres y amigos. Tiraron la piedra con rabia, detrás de la cerca de alambre que impedía que el enorme parche verde se derramara sobre el camino.

Tres años después, descubrieron que los restos de la venerable anciana no estaban en su tumba, en cambio, su rostro apareció dibujado en la piedra del camino. De muchas partes acudieron a venerarla y a solicitarle milagros. Pero en realidad su santidad creció cuando alguien con su ayuda se ganó una lotería y le construyó una capilla, dándole el nombre a la santa de Ánima del Camino.

La tarde que Fredy llegó a pedirle al Ánima del Camino para que le ayudase a conseguir el acordeón, el cielo era una inmensidad gris oscura y amenazaba con descongelar parte de sus nubes. Sin embargo, la concurrencia en el lugar era grande. El gris del cielo, como un telón movedizo, se fue corriendo a un lado para permitir la visibilidad del sol que en ese momento hacía de artista pintando en el ambiente, con su prodigioso abanico de pinceles, un espléndido arco iris.

La tarde se escapó escondida en las faldas de la brisa. Fredy esperó que los devotos se marcharan huyendo de la noche. Cuando no quedó nadie, se acercó. Prendió las velas y en voz alta hizo la petición varias veces. La oscuridad lo absorbió por completo. Fredy siguió asistiendo. Al quinto día un anciano que pasaba por allí, se aproximó

y le dijo: "Estas cosas, algunas veces demoran, muchacho".

Fredy no volvió más. Un poco desesperado se dirigió donde Eduardo, El Lobito, un pastor evangélico que antes de convertirse era músico. Ahora en sus apasionados sermones que llegaban hasta el llanto, pregonaba que su secta, en actos de oración conjunta, lograba los más sorprendentes milagros. Pero al final tampoco pudo cumplir el deseo de Fredy.

Convencido de que en Barají no conseguiría el acordeón de sus sueños, decidió viajar al país de los chimilas, de donde llegaban noticias de la belleza de su música, que brotaba a borbotones de innumerables acordeones y se levantaba en ramilletes como la insignia de una región alegre y trabajadora, que, envuelta en melodías, comenzaba a ser conocida en el mundo.

# Pedro Batata

Fredy se sintió extraño en el hermoso país que tenía bajo sus pies, un regalo de la naturaleza donde se daba desde el clima cálido hasta el más frío, desde el suelo boscoso hasta el muy fértil. Tenía lagunas, quebradas, montañas, picos, sabanas y estaba bañado por una serie de ríos que como serpientes gigantes, zigzagueaban y vigilaban su destino.

La apariencia y el acento de los chimilas, tan diferentes al suyo, lo hacían pensar que sobraba en ese lugar. Pero la música estaba allí. La palpaba en el ambiente. En los árboles. En las nubes. En la brisa. En los objetos. En todas partes. Y los acordeones que la producían eran parte fundamental de este país de ensueño que vivía al ritmo de notas musicales.

La meta era meterse de lleno en las costumbres del pueblo chimila y no regresar a Barají con las manos vacías. Entonces se dispuso a localizar a Pedro Batata, veterano contador de historias que conocía al valle en toda su extensión.

Pedro Batata tenía 104 años. A lomo de bestia, de hacienda en hacienda y de pueblo en pueblo recorría todo el valle. Los años ya le habían pintado la cabeza de blanco, dibujado muchos surcos en el rostro y doblado el cuerpo hacia adelante. Andaba con una caja vallenata entre las piernas. La utilizaba para acompañar coplas, versos y noticias cantadas que siempre llevaba a flor de labios. La velocidad con que sus dedos tocaban el instrumento lo convirtieron en el mejor cajero del valle.

El viejo solía descansar en una frondosa bonga que con la alegría de sus ramas extendidas, saludaba y daba la bienvenida a los visitantes. Pedro se acomodaba en medio de dos raíces desobedientes que se negaron a enterrarse en la tierra. Tomaba la caja y durante horas tocaba acompañado por el trinar de los pájaros que engalanaban la bonga. El árbol agradecido lo recompensaba refrescándole el cuerpo, el espíritu y la inspiración. Allí había compuesto los mejores versos de su vida.

En esa bonga lo esperó Fredy. La tarde intentaba detener un sol que ya replegaba sus últimos suspiros en el follaje de la bonga. Pedro Batata apareció escondiendo el cansancio con un silbido largo y divertido. Esta vez no se bajó de la bestia. Fredy se acercó al anciano.

—… Maestro Pedro, soy cajero, pero quiero conseguir un acordeón —… le dijo.

Pedro lo miró con detenimiento. Abrazó la caja con las piernas y empezó a tocar. La caja se quejó ante el dominio de sus dedos, rió, lloró y terminó con un largo lamento. Después Pedro extendió el instrumento hacia Fredy.

Fredy dominó el temor de defraudar y tomó la caja. Se sentó en las raíces y tocó con alegría y naturalidad.

—… No está mal —… dijo Pedro —… .
Si algún día me necesitas, búscame —…
agregó.

Enseguida se fue alejando en el claroscuro del camino.

Muy pronto Fredy volvió a esperar a Pedro Batata. En esta ocasión lo vio más joven y menos cansado.

—… La música sale del alma. Pero también
de la vida misma. Antes de ser un músico
de verdad, necesitas conocer esta tierra. Sus
costumbres. Su historia. Es decir, ser un
chimila más y yo te voy a ayudar.

—… Se lo agradezco maestro Pedro —…
dijo Fredy. Su voz era casi un ruego.

—… Toma, esta caja es tuya. Mi amistad también es tuya y la historia de este país también será tuya. Yo te la voy a contar.

De la emoción, Fredy quedó en el aire. Ascendió al cielo. Recorrió la gloria y regresó a la tierra. La caja selló la amistad entre los dos. Juntos recorrieron muchos lugares, mientras la palabra atractiva y sabia del maestro Pedro iba descubriendo ante Fredy el maravilloso mundo chimila.

Los relatos comenzaron a partir del tercer encuentro. Después de cantar y tocar la caja por largo rato en medio de las raíces de la bonga, Pedro Batata se posesionó de la palabra.

# La estrella y la hija del Cacique Upar

Esta tierra en sus inicios, fue habitada por indios que sobresalían por su belleza física. La fortaleza de sus músculos los hacía ver como si estuvieran hechos de cobre. Eran ingenuos, trabajadores y andaban con el cuerpo semidesnudo. En el cuerpo se dibujaban tatuajes con achiote y carbón. Se adornaban con narigueras, aretes, brazaletes y argollas de oro en brazos y piernas.

Abundaba tanto el oro que lo hallaban en cualquier parte: en cerros y valles, en lechos de quebradas y ríos. Las pepas de oro semejantes a huevos de gallina, eran el juguete de los niños.

Nadie conocía el valor del oro, la codicia, el egoísmo, la envidia, el engaño, la avaricia, ni la ambición. Todos eran felices hasta cuando ocurrió la muerte de la hija del Cacique Upar, el más amado y respetado del valle.

A la niña se le dio por enamorarse de la estrella que todas las noches salía por encima del roble que quedaba al lado del bohío del Cacique, adornado con un cono de oro puro en la cúspide.

Una vez le dijo:

—...Estrella, estrellita, quiero ser tu amiga.

—...Yo también, pero pertenecemos a mundos diferentes —... contestó la estrella.

—...Quiero tenerte cerca. Más bien entre mis manos.

—...Eso no puede ser. Jamás intentes acercarte.

La niña no hizo caso a la advertencia.

Anhelaba con vehemencia alcanzar su estrella. Una noche, desesperada subió al árbol. Cuando creyó haber tomado el impulso necesario, saltó emocionada para abrazar a la estrella, pero el piso duro y ajeno a su ingenuidad la esperó con los brazos de la muerte.

El Cacique Upar lloró con amargura su desdicha. Buscando recompensar a su hija en la otra vida, ordenó una estrella de oro para adornar su cabeza en el sepulcro. Dispuso, además, que el ataúd fuera de oro puro.

Fue así como se hizo costumbre el acto de enterrar a los muertos con utensilios y adornos.

La noticia de la riqueza de un país llamado de los chimilas, en donde enterraban a los muertos adornados con oro puro, se regó por en el continente. Aún peor, el yacabó, pájaro que desde entonces se considera de mal agüero, atravesó el inmenso océano llevando a otros continentes la noticia de que al otro lado del mar existía un país de riqueza inigualable.

Los hombres de esos continentes, ansiosos de conquista, construyeron grandes embarcaciones para invadir el territorio chimila.

En poco tiempo, de todas partes del mundo, llegaron los forasteros. Las embarcaciones, parecidas a casas flotantes, expulsaban seres insólitos, montados sobre enormes caballos. Eran hombres blancos, altos, barbados, forrados de pies a cabeza con ropas y armas. Traían el deseo enfermizo de enriquecerse sin importarles sembrar el odio y el terror en estas tierras de paz.

El sonido de la caja se hizo sentir con mayor frecuencia y candor debajo de la bonga. Ahora la tocaba Pedro Batata y la tocaba Fredy. Maestro y alumno le sacaban diferentes sonidos al instrumento y geniales versos a la inspiración. La bonga, intentando danzar, con armonía movía las hojas de un lado a otro. La brisa llegaba espontánea a refrescar los recuerdos de Pedro Batata.

# Pedro Badillo

La primera acción de los desalmados conquistadores consistió en asolar poblados, violar, asesinar y destruir todo lo que para nuestros antepasados fue sagrado. Invadieron el valle de enfermedades y la mesa chimila, nutrida con productos y frutas brotadas de las entrañas de la tierra y, de innumerables anima les que como ingenuos chiquillos, saltaban y correteaban por montañas y llanuras, comenzó a empobrecerse porque toda esa variedad de alimentos debió ser cedida a los glotones extranjeros.

Pedro Batata se ponía nostálgico. La voz se le atragantaba. Se levantaba de las raíces. Se retiraba un instante de la bonga. Miraba hacia el cielo. El sol del mediodía se ensañaba con sus ojos. Entonces regresaba vencido.

—… Toca, toca lo mejor que puedas —… le pedía a Fredy.

Fredy complacía al maestro. La caja saltaba bajo sus manos. El viejo se ponía a cantar sus más sentidos versos. Algunos pasajeros se detenían un momento. Llegaban otros formándose una multitud alrededor del anciano y el joven. Así ocurría. Así siguió ocurriendo, hasta que con el tiempo la bonga se convirtió en lugar de concentración para reuniones, fiestas, convivencias, parrandas…

De pronto Pedro Batata dejaba de cantar. Fredy de tocar. La gente se iba retirando. Al quedar solos reiniciaban el relato:

—… Seguros de su superioridad, los extranjeros seguían abusando. Con la llegada de Ambrosio Alfínger, el más sanguinario de todos, se inició la más vergonzante persecución al indígena chimila. Lo tomaron como esclavo. Lo vendían y lo marcaban como animal.

—… ¿No intentaron defenderse los chimilas? —… interrumpió Fredy.

El chimila no era guerrero, sin embargo, ante las circunstancias decidieron utilizar la flecha, pero esta moría impotente en las fuertes corazas de los invasores.

De todas maneras, los chimilas tomaron conciencia de las injusticias que padecían y fueron ingeniándose otras formas de defenderse. Esperaron algún tiempo para dar el primer grito de independencia. Como no se presentaba la oportunidad, ellos mismos la provocaron.

Cerca al bohío del Cacique Upar vivía la india Francisca, una chiquilla de trece años de ojos grises. Silvestre. Alegre. Dorada. Rutilante y retozona. Francisca a toda hora correteaba su niñez y su hermosura por la extensa pradera.

Pedro de Badillo, hombre de confianza de Alfínger, se dispuso darle caza a la ágil paloma que en cada vuelo aleteaba su corazón. La esperaba a orillas de las quebradas, detrás de los árboles, en todas partes. Pero ella, como una gacela, se burlaba de ese monstruo forrado todo de hierro. Se le insinuaba moviendo la redondez de su caderaje y escapaba, dejando a Pedro de Badillo con un dolor sordo en las raíces mismas de su altivez.

Ni la madre, ni el Cacique Upar, ni los demás chimilas veían bien las travesuras de Francisca. "No juegues con candela", le advertían todos. Ella soltaba una carcajada y se perdía corriendo en el reverdecer de los prados. Todos estaban preocupados. Sin embargo, aprovecharon la situación para prender la llama que hacía falta.

El Cacique Upar a sabiendas del rencor y la envidia que la esposa de Pedro de Badillo sentía por Francisca, la envió a su casa con el pretexto de obsequiarle una argolla de oro. La niña tomó la misión como un juego más. La señora de Badillo recibió a Francisca con una fingida sonrisa de cortesía. Una vez dentro, la señora, ordenó a su servidumbre apresar a la niña. Entonces la azotó sin misericordia, la arrastró por el cabello delante de todos y le cortó la exuberante cabellera.

El llanto de Francisca se escuchó a lo lejos en el bohío. La humillación alteró el apacible corazón del Cacique Upar. En su pecho rugió como un león herido. Reunió a todos los chimilas mayores de veinte años y organizó su ejército. Esa misma noche prendieron fuego al convento y a otras casas, entre ellas la de Pedro de Badillo.

La candela, aplaudida por la brisa, aligeró sus pasos. Las casa de los forasteros pronto caían en su enorme boca de fuego. Los chimilas emprendieron la huida hacia la serranía de Perijá y a nado limpio vencieron las tumultuosas aguas del río que se interponían en su retirada. Pedro de Badillo llegó con parte de su tropa a la orilla del río en franca persecución. Tanteó la superficie con la mano. Se quitó las botas, las amarró a su cintura y se lanzó. Por minutos batalló con las aguas hasta cruzar. Nadie lo siguió. Ya en la otra orilla resopló como un caballo. "¡Cobardes!", gritó. "Ahora mismo los obligaré a pasar", volvió a gritar y se tiró de regreso, pero no volvió a salir a flote.

Para recordar al osado guerrero, Ambrosio Alfínger bautizó al río con su apellido. Los hombres de Pedro de Badillo no desistieron de la persecución.

Más cautelosos que el desaparecido jefe, buscaron un lugar de menos arriesgado para cruzar el río.

Con todos estos rodeos los chimilas tomaron mayor ventaja. Sin embargo, conscientes de que iban a seguir siendo perseguidos, antes de enrumbarse a la serranía de Perijá, envenenaron con barbasco el agua del lago Sicarare.

Las aguas cristalinas alborotaron la sed de los agitados hombre blancos, quienes bebieron hasta consumir media laguna. Casi de inmediato quedaron tendidos en la inmensidad del valle.

Convencidos de la victoria, los chimilas regresaron. Pero una sorpresa los esperaba. Los conquistadores repuestos de la intoxicación del barbasco, se levantaron y dieron buena cuenta de una gran cantidad de indígenas. Los sobrevivientes quedaron convencidos de que la Virgen del Rosario había resucitado a sus verdugos para que castigasen su rebeldía. Nada podía hacerse con esos malditos hombres de hierro. Eran invencibles.

# Francisco Vallenato crea la guacharaca y la flauta de millo

La bonga, ahora, se convertía por días enteros en un rumor de voces y gritos que se confundían con el sonido de la caja y los cantos de Pedro Batata y Fredy. Vendedores ambulantes, comerciantes de la buena suerte, tahúres, niños, jóvenes y viejos acudían a disfrutar de la magia de las prodigiosas manos que le extraían música al cuero de la tambora. En la bonga ya era imposible contar historias. Maestro y alumno después de brindar el repertorio musical por dos o tres días en la bonga, salían a andar. El viejo, cruzado sobre la bestia. El joven, a su lado, devorando camino con las plantas de sus pies. De sol a sol andaban. Pedro contaba. Fredy escuchaba.

Resucitados los soldados envenenados, los chimilas vieron en el cielo la imagen de la Virgen del Rosario con una varita en la mano. Entonces empezaron a rezar para ganarse el favor de otros dioses.

En principio, eligieron al sol, su dios de siempre. Comenzaron a rezarle desde que se levantaba por encima de las montañas, hasta cuando la noche lo arropaba con su manto de misterios.

Los hombres barbudos seguían destruyendo y llevándose el oro. Los chimilas continuaban implorando y contándole al sol sus desgracias. Un día, al acercarse al cenit, lo vieron triste y con un cerco amarillo encendido. El mundo se silenció.

—... Está llorando —... dijeron algunos.

—... Está herido —... comentaron otros.

Todos cayeron de rodillas. Rezaron durante horas. El cerco amarillo encendido del sol fue desapareciendo. La tristeza de su rostro se cambió por alegría.

—… Gracias —… se escuchó una voz que venía del cielo —… , los ayudaré.

—… ¿Cómo? —… preguntó un coro de voces.

—… Cuiden y amen la naturaleza. Trabajen y luchen por lo que les pertenece —… respondió la voz que venía del aire.

El sol, con lentitud, se fue resbalando por el espejo cóncavo del cielo. La brisa apareció adornada por una multitud de pájaros multicolores.

Los chimilas, por primera vez, sonrieron a los pájaros y los miraron con sorprendente ternura. Los pájaros comenzaron a cantar. Al principio salieron de sus picos cantos aislados y débiles. Después, un concierto que empezó a llenar el mundo de música. Al instante los chimilas descubrieron la belleza y el prodigio de esos pequeños cuerpos llenos de melodía, y nació en ellos la necesidad de apreciarlos y cuidarlos con esmero.

Al día siguiente, Francisco Vallenato, un indiecito inquieto y rebelde, descifró el mensaje del sol:

debían imitar el canto de los pájaros. Enseguida
cortó la punta de un cuerno. Lo limpió bien y
sopló con fuerza. Fue el primer sonido musical
producido por el hombre chimila. Pero el sagaz
Francisco pronto se dio cuenta de que con el cuerno no podía imitar el canto de los pájaros porque
producía una nota sorda y monótona.

"Debe existir algo con qué imitar el canto de los
pájaros", pensó Francisco Vallenato. Miró hacia
arriba. El sol le brindó una sonrisa entre rayos.
"Tal vez la dificultad del cuerno está en que es
muy ancho". Volvió a mirar. El sol ya se había
escondido por el espacio que dejó el atardecer.

A la mañana siguiente Francisco Vallenato tomó
una caña hueca y delgada. La pulió por dentro y
por fuera y sopló. El sonido le agradó, pero aún la
abertura seguía siendo amplia. Quería un sonido
más agudo.

Francisco Vallenato consultó con las abejas. Las
abejas no contestaron de una vez. Se reunieron
en medio de un ronroneo. Trabajaron unidas y
a pocas horas aparecieron con una cera negra.
Francisco Vallenato tomó la cera. Sin preguntar
la añadió a uno de los extremos de la caña y en
medio de la cera dispuso un tubito de pluma de
ave para provocar una mayor fricción del aire.

Sopló por el tubo de la pluma y vio que el sonido era bueno. "Sigue, sigue", dijo la voz que venía del aire.

Dándole paso a su inquietud, Francisco hizo dos huecos en la longitud de la caña para manejar la salida del aire con los dedos. Hizo tres huecos. Cuatro huecos. Hasta cinco huecos y con el soplo de sus pulmones y el movimiento de los dedos produjo diferentes tonalidades. Así nació la flauta, con que el hombre chimila dio inicio a la imitación del canto de los pájaros.

Francisco Vallenato aprendió a tocar a la perfección la flauta. Cada vez que la hacía so-nar, infinidad de pájaros lo rodeaban. Él tocaba y ellos lo seguían. Ellos canta-ban, él los seguía. Llegó a imitar a todos los pájaros, a excepción de un ave de cola plana, de color pardo y con algunas plumas rojas en la garganta, llamado guacharaca.

Las guacharacas eran de las primeras en llegar al concierto de hombre y aves organizado por Francisco Vallenato, pero su canto sonaba bastante distinto al de las otras aves. Apenas abría el pico, en su interior se escuchaba como un puñado de piedras repicando en un buche de metal. Ellas mismas se dieron cuenta de la diferencia. Un día, creyendo hacer el ridículo, no cantaron más.

—…No, animalitos tercos, ustedes tienen que seguir cantando. Todos tenemos derecho a cantar. No hubo respuesta. Ni canto de guacharaca.

—…En sus cantos escucho mucha belleza y cierta complicidad con el canto de las demás aves, así que a cantar —… insistió Francisco Vallenato.

Hubo convencimiento. Volvió el canto de las guacharacas. Francisco Vallenato ensayó muchas veces con su flauta, sin poder imitar este canto.

Desconsolado, ahora fue Francisco Vallenato quien abandonó su flauta por unos días. Se encerró en su bohío. Los pájaros, desesperados, lo buscaban por todas partes. Al fin lograron penetrar por las rendijas del bohío y con inigualable alegría cantaron a su alrededor. Las guacharacas en plan de sana revancha fueron las que mostraron mayor entusiasmo. Francisco Vallenato y los pájaros bajaron a una cascada a festejar el reencuentro con picos y flauta.

Francisco Vallenato tocaba la flauta sin desatender el sonido de piedras del canto de las guacharacas. De repente dejó de tocar.

"Sigan, sigan", rogó a los pájaros. Salió corriendo. Cortó un pedazo de lata de corozo y la frotó rítmicamente con un hueso de animal. Maravillado quedó al comprobar que ese sonido se semejaba al canto de las guacharacas.

—… Triunfarás —… dijo la voz que venía
del aire. Francisco miró hacia arriba. El sol
sonreía en una esquina del cielo.

Algún tiempo después Francisco Vallenato, buscando un mejor sonido, hizo unas ranuras en el pedazo de lata de corozo. El sonido mejoró. Al instrumento lo llamó guacharaca y vio que su compañía melódica con la flauta era admirable. Entonces invitó a los otros chimilas para adorar al sol una vez más.

# El origen del vallenato

—… ¿Descansamos en uno de estos árboles? —… propuso Pedro Batata —… hoy hemos andado bastante, tal vez te duelen los pies.

—… ¿Descansar? ¡Maestro!, ¡quién se cansa con su compañía! Si sus palabras son la música misma —… replicó Fredy.

—… En la música, la caja es la representación de lo mágico. El indio chimila la ligó a sus rituales y el negro llegado de otro continente, como esclavo, la vistió de magia, sortilegio y encantamiento —… explicó Pedro Batata cambiando de tema.

—… De la caja siento que se extrae un lamento, como si su sonido expresara dolor dijo Fredy.

—… Así es. El elemento negro, atropellado también del blanco, quiso compartir su infortunio con el indio chimila haciéndose su amigo. Cuando advirtió que Francisco Vallenato utilizaba la música para arañar esperanzas de libertad y comunicarse con los pájaros, él también quiso expresar su dolor dándole golpes a un buche de caimán que templó con bejuco a unas horquetas. Con ese instrumento invocó los poderes de los astros y toda clase de superpoderes inmersos en la tierra, el agua y algunas plantas.

—… ¡Maravilloso! —… comentó Fredy.

—… El poder de la caja es tan grande, que en esta tierra existió un cajero apodado El Negro, a quien invitaban a tocar todas las fiestas de la región. Este personaje, aparte tenía una caja fabricada con cuero de perro negro, bautizada La Morena. Cuando El Negro quería terminar el baile, tocaba La Morena, entonces la gente entraba en un delirio o frenesí en que nadie se quedaba quieto. Todos bailaban en un agitado movimiento de brazos, piernas y caderas, y a la media hora los bailadores quedaban rendidos en el piso por mucho tiempo.

—… Pienso que el cajero es como una especie de dios —… opinó Fredy.

—… El buen cajero, el que desentraña los misterios de la caja es un dios. Y el dios del cajero es el pájaro carpintero. Un pico de carpintero en el bolsillo o las manos untadas con su sangre, dan al cajero poderes sobrenaturales.

—… ¿Qué hizo Francisco Vallenato con la caja de los negros?

A Francisco Vallenato le agradó mucho el sonido rítmico de la caja y aprendió a tocarla. De allí en adelante, él y otros chimilas comenzaron a utilizarla conjuntamente con la flauta y la guacharaca. Todos comprobaron que esa mezcla producía un sonido que podía alegrar los corazones y templar los espíritus. Así nació el vallenato como aire musical.

Francisco Vallenato organizó el primer conjunto musical chimila para despertar y dormir al sol con música —… siempre acompañado por los pájaros —… a medida que iba perfeccionando los instrumentos: en vez de usar hueso de animal, tocó la guacharaca con un trinche de alambre. El buche de caimán, lo cambió por cuero de res y las horquetas, por el tronco hueco de un árbol

—… volador, algarrobillo o cañahuate —… cuya sonoridad es probada con anterioridad por el picoteo del pájaro carpintero.

Con el correr del tiempo la flauta se remplazó por el acordeón, inventado por el alemán Kiril Damián y traído al país de los chimilas por José León Carrillo, joven que años atrás había viajado al viejo mundo con el propósito de convertirse en sacerdote. Al regresar, en vez de llegar con sotana, apareció con el prodigioso instrumento que al estirarlo y aprisionarlo con las manos, emana de su interior torrentes de notas que como agujas se incrustan por todo el cuerpo de quien las escucha.

El canto apareció muchos años después, cuando el hombre chimila en sus largas jornadas, llevando a pie cantidades de ganado de un lado a otro, tenía que quitarle el cansancio y la nostalgia a las reses a fuerza de melodiosos gritos de vaquería, nacidos del vigor y la pureza de sus pulmones. Después, el canto se convirtió en el canal de los chimilas para contar su propia historia.

# Los chimilas se preparan para la guerra

—… Qué hermosa es la música —… comentó Pedro Batata—…. ¿Oyes el trinar de esos pájaros a la distancia?

—… Claro, maestro. Los escucho. ¡Qué acierto que los chimilas se hayan fijado en ellos! —… contestó Fredy.

Pedro Batata se acarició la cabeza con ambas manos. Luego la sacudió con gracia hacia los lados y reinició el relato:

La creación de la música hizo que el chimila recuperara un poco la sonrisa, pero el extranjero era implacable. Cada vez quería más oro. Ahora buscaban el ataúd de la hija del Cacique Upar. Enterado de esto, el Cacique reorganizó el ejército chimila para impedirlo. El yacabó, pájaro de mal agüero, indicó el lugar donde la hija del Cacique estaba sepultada. Ellos, como aves de rapiña, cayeron en bandadas y se apoderaron de la estrella de oro y del ataúd, dejando los restos de la niña por ahí tirados. El Cacique Upar no soportó esta vulgar profanación. Atacó, más con furia que con táctica. Su ejército fue derrotado. Ambrosio Alfínger, el codicioso y sanguinario jefe de los conquistadores, apresó al Cacique. Después lo asesinó.

La muerte del Cacique Upar despertó la rebeldía de Francisco Vallenato. Una mañana reunió a los chimilas en medio de la cantidad de pájaros que con sus trinos lastimeros lloraban al jefe.

—… Hasta estos animalitos sienten nuestra desgracia. Ya está bien de atrope-

llos. Es hora de defender nuestros derechos.
El blanco ultraja, saquea, destruye y nosotros no hemos utilizado nuestras armas discurseó Francisco Vallenato.

—… ¿Pero cómo? si ellos son invencibles
—… dijo un chimila desesperanzado.

—… Son más fuertes, es cierto, pero no invencibles. La astucia también cuenta. Las armas existen, hay que aprender a utilizarlas —…afirmó con seguridad Francisco Vallenato.

El sol recién levantado proyectó con fuerza uno de sus rayos a la cabeza de Francisco Vallenato. El inteligente músico comprendió que el dios sol aprobaba su actitud.

—…En un mes daremos la batalla —…dijo, sin rodeos.

—…Nos matarán a todos —…opinó alguien.

—…El primer paso para perder una batalla es sentirse derrotado antes de iniciarla —… aseveró Francisco Vallenato, moviéndose de un lado a otro.

El sol fue ascendiendo por el pasadizo celeste y encendía con rigor la sangre chimila. Francisco

Vallenato observó que el desánimo desaparecía de los rostros. De inmediato aprovechó la ocasión.

—...En un mes daremos la batalla —...repitió. ¿Quién me acompaña? —... preguntó.

Todos aceptaron.

—... Los espero mañana aquí mismo —... dijo, entusiasmado, Francisco Vallenato.

El sol inició una danza vertical y aumentó su esplendor. Muchos creyeron que iba a estallar. La alegría lo inflaba y le inyectaba fortaleza.

Francisco Vallenato, seguido por los pájaros y por dos jóvenes chimilas, recogió la flauta, la guacharaca y el tambor y se dirigió a la quebrada. Durante todo el día estuvieron allí inundando el ambiente de música.

—... La música será nuestra arma, y los pájaros nuestros aliados. Con música los derrotaremos.

Los jóvenes, desconfiados, se miraron entre sí varias veces.

—... ¿En qué forma? —... se atrevió a preguntar uno de ellos.

—... A partir de mañana construiremos

más instrumentos musicales, más arcos y
más flechas —… dijo.

El siguiente día se presentaron los chimilas ante Francisco Vallenato, como estaba dispuesto. El líder los condujo a una llanura rodeada por gigantescos árboles. Era un lugar especial, donde tal vez puso la mano la inspiración de un hada bien hechora. Por encima, los árboles entrelazaban las ramas formando un tupido lecho. Por debajo, los gruesos troncos con una serie de arbustos a los lados, limitaban un amplio espacio tapizado por la grama de un verde intenso, tan suave como el algodón. Por fuera, lucía como un pequeño bosque. Por dentro, era un hermoso salón natural con una sola entrada, que pocos conocían. Por allí penetró Francisco Vallenato con sus amigos. Los pájaros ya esperaban. El sol, aprovechando un descuido de las hojas, coló algunos de sus rayos para que iluminasen la reunión.

El corazón de Francisco Vallenato saltaba de alegría. Explicó que en adelante ese sería el lugar de operaciones. Había que construir muchas flechas y arcos. Muchas flautas, tambores y guacharacas. Era necesario ensayar la música, sin pérdida de tiempo, a fin de organizar el mayor número posible de conjuntos musicales. Se comisionó a algunas aves para ir al Amazonas a invitar al Uirapura, un pequeño pájaro de plumaje sencillo que con su canto reinaba en la Amazonia. Cuando el Uirapura, inspirado, cantaba por los aires convocaba a todos los seres de la naturaleza a cantar, concentrando todo el espíritu en el colorido de la existencia.

El tiempo transcurrió de prisa, como la brisa de los atardeceres chimilas, pero fue bien aprovechado. Faltando pocos días para la fecha fijada, todo estaba listo. Instrumentos, conjuntos musicales y chimilas esperaban la hora del combate.

# La gran batalla

—… Es hora de comer algo. Mira ya nos pisamos nuestra propia sombra —… advirtió Pedro Batata —… descansaremos en el próximo caserío.

—… ¿Queda muy lejos? —… preguntó Fredy.

—… No tanto, pero da tiempo de terminar la historia de la batalla chimila.

—… Está bien, está bien, maestro —… festejó Fredy.

El día señalado llegó sin sorpresa. La dulce quietud del ambiente escondía a la perfección lo que estaba sucediendo en el corazón y la mente de los chimilas. Los pájaros, silenciosos, desde muy temprano habitaron los árboles, esperando una señal para actuar. El Uirapura guarecía en el bohío de Francisco Vallenato. Los conjuntos musicales estaban distribuidos en todo el follaje de la tierra chimila. Los arcos y las flechas florecían en medio de los matorrales. El sol apareció con aparente normalidad. En su faz no se notaba el esfuerzo por disimular la alegría.

Francisco Vallenato extendió la mano al Uirapura. El pájaro, agradecido, subió sin complicaciones. Francisco lo acarició. "Canta, canta, amigo. Canta todo cuanto puedas", le dijo. El Uirapura abrió el pico y fue como abrir la llave a una corriente de música que se extendía y enturbiaba

el aire con estrellas henchidas de melodía. El sol se fue apagando poco a poco, poco a poco, hasta quedar el mundo en total oscuridad.

—… Vuela, vuela, amigo. Bate tus alas, como bien sabes hacerlo —… pidió Francisco Vallenato al Uirapura.

El pájaro desplegó sus alas y su canto se regó por toda la inmensidad de la improvisada noche.

Por donde pasaba el Uirapura los demás pájaros comenzaban a cantar, y las flautas, tam-

boras y guacharacas a sonar. De allí en adelante todo fue oscuridad y música.

Las improvisadas tinieblas infundieron temor a los conquistadores. Se inquietaron. No sabían qué hacer. Esperaban órdenes del jefe. Pero Ambrosio Alfínger estaba aturdido con ese manantial de música brotado de cada árbol, de cada matorral, de toda la naturaleza. Las palabras se le perdieron. Los hombres blancos, en medio de la desorientación total, corrían de un lado a otro. Las corrientes de aire cargadas de música les abofeteaban los rostros y en ráfagas les penetraban por los oídos confundiéndolos más. Todos corrían sin saber hacia dónde, menos Ambrosio Alfínger quien, como transportado a otro mundo por la magia de la música, sentado en el tronco de un árbol acariciaba su arma sin la menor intención de guerrear. Nadie podía pensar que tanta mansedumbre cabría en el sanguinario guerrero. De pronto un flechazo en la pierna izquierda lo despertó del momentáneo sueño. Alfínger llenó sus pulmones de aire y con todas sus fuerzas gritó:

—… ¡Hay que huir! ¡Sálvese quien pueda!.

La fuerte voz de Ambrosio Alfínger en gran parte fue absorbida por la música. Sin embargo, los pocos que alcanzaron a captar la orden, la transmitieron a los demás. En pocos minutos se inició la retirada definitiva. En la premura por huir, los conquistadores dejaron sus armas y el botín robado a los chimilas.

En el espacio correspondiente al amanecer del siguiente día, el sol no apareció. Francisco Vallenato buscó al Uirapura. Lo localizó en la rama baja de un árbol. Se disponía volar a otro lado cuando Francisco lo paró en seco.

—… Es hora de descansar, amigo —… le dijo. El Uirapura bajó. Los trinos, las flautas, las guacharacas y los tambores cesaron. Varios chimilas se acercaron.

—… ¿Han desaparecido todos? —… preguntó uno de ellos.

—… Pronto lo sabremos —… respondió Francisco Vallenato.

Se dirigió al Uirapura y lo acarició con ternura. El pájaro entendió la solicitud y sin más rodeos emprendió el vuelo. Cuatro pájaros más lo acompañaron. Los cinco formaban una estrella reluciente en la oscuridad del espacio. El brillo de los mensajeros se perdía al norte y aparecía al sur. Reblanqueaba en el occidente y desaparecía al oriente. Después de dar varias vueltas por la región chimila, regresaron.

Francisco y los demás esperaban contando rosas para no desesperarse. Los pájaros bajaron sin escándalo. De pronto el Uirapura soltó un canto diferente, como de trompeta. Era un canto de victoria. El júbilo se apoderó de la comunidad chimila. En el mismo lugar y a oscuras, se reunieron a festejar el triunfo.

—… El sol aún no aparece —… recordó alguien.

—… Sin él no debemos festejar —… dijo Francisco Vallenato.

—… ¿Qué hacemos para que regrese? —… preguntó otro.

—… Traigan aquí todo el oro que encuentren —… pidió Francisco Vallenato.

En la oscuridad rebuscaron oro de todas partes. A las tres horas Francisco Vallenato y sus amigos, con el calor de sus propias manos, derretían todo el metal recogido y moldeaban un hermoso sol. Una vez terminado, lo colocaron en el cogollo del árbol más alto de los alrededores y postrados de rodillas se pusieron a orar. Un ventarrón apareció al momento. Era tan fuerte que los árboles querían soltarse de sus raíces para salir corriendo. En uno de los soplos más fuertes, el sol de oro se desprendió del árbol y como una liviana cometa empezó a elevarse. Más arriba, la oscuridad y la altura debilitaron la brisa. Ella solicitó ayuda a las nubes para que le ayudasen a colocar el sol en su sitio. Entre ambas cumplieron la misión. Ya sentado en su trono, el astro rey desplegó todo su brillo y alegría, dando paso al primer amanecer glorioso, lleno de libertad, después de dos días de oscuridad y lucha en que sólo una flecha fue disparada.

Durante todo el día el pueblo chimila paseó en hombros a Francisco Vallenato, en medio de trinos, música y gritos de alegría. El Uirapura fue considerado huésped de honor y símbolo de libertad, la música costumbre sagrada y el sol, dios único.

# Navova

—… Muy interesante la historia de la independencia chimila. ¿Qué sucedió con Francisco Vallenato? —… preguntó Fredy.

—… Se dedicó a hacer de la música un arte y comenzó a andar de región en región impregnando sus notas y su mensaje de amor en todos los corazones del valle —… respondió Pedro Batata.

—… Con los paisajes que forma la naturaleza en esta parte del mundo, no podría ser otra la cuna de la música —… afirmó Fredy.

—… ¿Conoces la laguna de Navova? —… preguntó Pedro Batata.

—… No, sólo la he oído mencionar —… dijo Fredy.

—… Es un lugar especial y algo misterioso.

—… ¿Cómo es?

—… Es casi una obligación que la conozcas y debes hacerlo por tus propios medios. En ocasiones es posible escuchar voces y cantos que surgen del fondo de sus aguas.

A Fredy se le iluminaron los ojos. Miró con insistencia a Pedro Batata. Pedro Batata leyó en esas miradas ansiedad, deseos de saber algo sobre el lugar mencionado. No soportó más el ruego que se dibujaba en ellas. De pronto se acarició la cabeza con ambas manos y fue una manera de abrirle la llave a los recuerdos y a su locuacidad.

Cuentan que Navova era la diosa de los arhuacos en la Sierra Nevada. Su hermosura era imponente. La cabellera, como un torrente de agua, le caía de golpe hasta la mitad de las caderas. Los ojos verdes, constituían una extraña luz que le iluminaba el rostro trigueño y su cuerpo una especie de obra de arte, producto del pincel de un cuidadoso pintor que no dejó espacio para la imperfección en ninguna de sus líneas. Nadie sabía el sitio exacto donde la diosa Navova se hospedaba. Algunas veces hacía sus apariciones al anochecer. Otras veces en pleno mediodía. Por todas partes extendía su sedosa cabellera con el busto semidescubierto. Después, desaparecía. Los hombres en arrebatos de apasionamiento salían en su búsqueda sin encontrarla. El suceso se repetía cada dos o tres días. Este vaivén de apariciones y desapariciones de la diosa mantenía a los hombres en un estado de zozobra y agonía. Tanto que los compromisos del hogar pasaban a segundo plano o al olvido total.

Las mujeres preocupadas con lo que estaba sucediendo, solicitaron ayuda a otros dioses vecinos para que castigasen la imprudencia de Navova. Los dioses, amigos de ella, hicieron caso omiso a la queja. Las mujeres insistieron con el llamado a los dioses. En esta oportunidad les comunicaron que si no hacían algo, pedirían ayuda al dios sol para que los derritiera a ellos y a Navova.

Ante la amenaza, los dioses buscaron la forma de hablar con Navova. Le solicitaron que suspendiera sus provocadores desplantes y se dedicara con rectitud a los tradicionales oficios de diosa. Ella no contradijo ninguna de las observaciones. Con todo respeto escuchó los consejos de los dioses y prometió seguirlos, pero una vez lejos de ellos, comenzó a aparecer con más frecuencia. Enterados los dioses de su burla, se llenaron de ira. Se reunieron durante toda una noche de luna llena y determinaron convertirla en laguna. Las aguas tomaron el color de sus ojos y la belleza de su cuerpo se reflejó en el paisaje de los alrededores.

Para recompensar el daño causado a los matrimonios, los dioses dispusieron, además, que las aguas de la laguna destruyeran todo tipo de problema conyugal a la pareja que se bañase en ella. Desde entonces la laguna se convirtió en uno de los lugares más visitados. En las mañanas y en los atardeceres se formaban interminables desfiles de parejas que acudían a recibir los beneficios de sus misteriosas aguas.

Después de algún tiempo, un anciano desconocido, alto y de poco hablar, afirmó que las aguas eran milagrosas sólo los viernes, por ser viernes el día que la diosa se convirtió en laguna. Hecho el anuncio, al anciano no se le vio más por allí, pero nadie dudó de sus palabras. Su voz fue una orden que dio inicio a la más fervorosa peregrinación cada viernes hacia la Sierra Nevada.

# Mariabé

La curiosidad de una joven de 16 años por ir a la laguna de Navova, despertó un Viernes Santo.

—… Madre, quiero ir a ese misterioso lugar —… dijo la joven.

—… Hoy es Viernes Santo. Nadie puede salir. Los demonios andan sueltos —… argumentó la madre.

—… En la laguna no hay ningunos demonios. Es un lugar milagroso —… porfió la joven.

—… Hija, no seas terca. Hoy es Viernes Santo.

—… Eso no importa, quiero ir hoy. Dicen que sus aguas son frías y exquisitas.

—… El otro viernes irás. No se puede jugar con las cosas santas —… concluyó la madre.

La prohibición aumentó la curiosidad de la joven. Aunque no insistió, en su interior ya estaba decidido que la visita a la laguna sería ese mismo día.

La tranquilidad de la hija sosegó a la madre. Descuidó la vigilancia y en la tarde el asunto estaba olvidado. La joven aprovechó la confianza de la madre para escapar con sigilo. Una vez en la calle un viento frío y raro le azotó el rostro. Ella no alcanzó a presagiar el mensaje de la brisa para que regresara a casa. Al contrario, aligeró más el paso. Cuando llegó a la laguna quedó extrañada con la belleza del lugar. La soledad y el silencio le parecieron el marco perfecto para admirar tanta hermosura. Contuvo un momento la respiración. Se descalzó y con la punta de los dedos palpó la frialdad del agua. "La profundidad de esas aguas verdiclaras me darán suerte y felicidad", pensó, mientras se quitaba las ropas. Una vez desnuda, escondió los vestidos. Subió a las rocas de la orilla y se lanzó al agua desde las alturas.

Al descubrir la ausencia de la hija, la madre la buscó por todas partes. La noche llegó cuando menos se esperaba. La madre, casi desfalleciente, sacó fuerzas de su corazón para correr a la velocidad del viento hacia la Sierra Nevada. "Mariabé, Mariabé, hija, regresa", llamó alrededor de la laguna. La angustiada voz era el único sonido que se escuchaba en la plenitud de la noche. El viento jugaba con ella, se la llevaba en apacibles ondulaciones. La repicaba en las estribaciones y la regresaba convertida en eco.

La madre buscó toda la noche. La oscuridad se fue escurriendo por las rendijas del cielo. La mañana fructificó con un sol anaranjado y henchido de alegría, indiferente al dolor de la madre. Sus rayos empezaron a calentar la superficie del agua. En medio de la laguna, la joven Mariabé mostró su cara de tristeza con un collar de lágrimas en los ojos. Luego se hundió y dijo adiós con la cola. Entonces la madre comprendió la cruda realidad.

En los primeros años la sirena salía cada día a las rocas, desde donde emitía un canto lastimero que se escuchaba en todo el valle.

En los últimos tiempos nadie la ha podido ver, pero su canto, que ahora es menos triste, sigue brotando del fondo de las aguas.

# El juglar y la sirena

Ahora Pedro Batata tenía 107 años y la agilidad para tocar la caja se esfumaba de sus manos. Enfermo y vencido por los avatares de la vida decidió aislarse del mundo.

—… Soy casi un objeto. Un estorbo. Me apartaré a rumiar mis recuerdos en un lugar donde nadie me encuentre —… le dijo a Fredy.

—… Maestro, no me abandone.

—… Tú tienes condiciones para tocar la caja. También puedes llegar a ser un maestro. Yo no tengo más que enseñarte. Lo que consigas de aquí en adelante será sin mi ayuda.

—… Quiero ser acordeonista. Necesito un acordeón, maestro —… confesó Fredy.

—... Conmigo no cuentes. Ya no existo. Soy un objeto.

Fredy cerró los ojos para contener las lágrimas. Al abrirlos vio a Pedro Batata montado en su bestia, doblado hacia adelante, con su cabeza blanca casi metida entre las piernas, después se convirtió en un insignificante punto en la distancia.

Fredy miró a su alrededor. La soledad del paisaje se le atoró en el corazón. Quiso salir corriendo detrás del maestro, pero tenía que respetar su voluntad. No debía buscarlo más. La bonga testigo de aquella amistad, dejó caer varias hojas en señal de asentimiento. Fredy reaccionó. Su lucha no terminaba. Ahora más que nunca y en honor al maestro Pedro Batata trataría de lograr su propósito con mayor entereza.

Después de la despedida de Pedro Batata, tratando de seguir sus consejos, Fredy decidió visitar la laguna de Navova. El viernes bien temprano emprendió el ascenso. Llegó a la cima envuelto en el blancuzco transcurrir de la neblina que amenazaba con borrar por completo la visibilidad del paisaje. El sol, con la intención de herir la pureza del entorno, poco a poco fue infiltrando sus rayos, logrando correr a un lado el bloque algodonado que le impedía reinar a sus anchas. Algunas nubes, huyendo del calor, buscaron refugio en la parte inferior. Desde la sierra no se veía tierra, sólo nubes abajo y nubes arriba. Fredy se sintió en un mundo de ensueño, atrapado en medio de dos cielos.

—… Es maravilloso —… dijo entre dientes.

—… Extraordinario —… respondió una voz cerca de él.

Fredy saltó nervioso pero de inmediato descubrió que no estaba solo. Algunas parejas habían madrugado más que él y acurrucadas en silencio, se las ingeniaban para bloquear el frío. El sol fue ganando terreno con el tiempo. Las nubes se alejaron, se alejaron buscando otro sitio donde recrear su frialdad. La laguna quedó descubierta en todo su esplendor. La tranquilidad de las aguas daba la impresión de estar frente a una acuarela perfecta. En el plano intermedio la hierba sonreía intentando atrapar parte de las rocas que con timidez se elevaban a unos dos metros, y más allá, el cielo teñido de azul, blanco y rojo, servía de fondo al cuadro.

Las parejas, como enemigos que en determinado momento encuentran a su presa, aparecieron en racimos y rodearon la laguna. Los cuerpos rompieron la quietud de las aguas. Las risas, la algarabía y el calor desordenaron el ambiente. Fredy descolgó la caja de su hombro y se puso a tocar como su corazón le ordenaba.

El canto de la sirena salió tenue del fondo de las aguas. Era un tibio lamento que pocos podían percibir. Fredy se emocionó. En medio de entusiastas aplausos tocó toda la mañana.

De viernes en viernes, siguió asistiendo a la laguna. El ingenio de su arte lo hizo más conocido. La sirena con el rítmico repicar de la caja cantaba cada vez con menor tristeza. Una tarde, Fredy se entregó en cuerpo y alma a exprimir toda la música guardada en lo más íntimo del instrumento. Tan concentrado estaba que no se dio cuenta en qué momento la noche despidió a los demás visitantes.

La luz verde de la luna se rompía a pedazos en la copa de los árboles. Las ágiles manos se paralizaron para tomar un descanso. Fredy estaba completamente solo. Se levantó para irse. Una voz melódica lo paralizó.

—… Si te bañas en estas aguas, serás un buen músico.

Fredy quiso correr. Se inclinó a recoger la caja para retirarse definitivamente de ese lugar. La voz se volvió a estrellar en su rostro.

—… No te vayas. Serás un buen músico.

La luna rodó, rodó con cuidado a un lado, eludiendo el ramaje de los árboles que proyectaban la sombra hasta la mitad de la laguna. El miedo se espantó con el brillo de la luna. Fredy recuperó la confianza. Apreció la quietud de las aguas en toda su dimensión. Recorrió la orilla de la laguna con la mirada, entonces vio a la sirena de cuerpo entero, moviendo la cola. Su cabellera llegaba hasta los glúteos y los ojos le brillaban con el resplandor de la luna.

—… El encanto de mis aguas será una bendición para ti —… dijo con dulzura.

—… No soy de aquí, estoy solo —… confesó Fredy.

—… No importa, debes bañarte en mis aguas.

—… Lo que necesito es un acordeón. Estoy seguro de que aprenderé a tocarlo.

—… Algún día lo tendrás —… afirmó la sirena.

—… Me bañaré, me bañaré, pero no te me acerques.

La sirena se hundió. Fredy lo pensó por un tiempo. Después entró como quien pisa espinas. Cuando vino a darse cuenta, tenía el agua a los hombros. Poco a poco experimentó una atracción que no lo dejaba salir. Una fuerza interior que lo retenía. Hizo un esfuerzo y salió, pero el deseo de regresar pronto quedó latente en su mente y en su corazón.

# El secreto de la laguna

Después de bañarse en la laguna de Navova, Fredy notó que todo era diferente. Ahora tenía mayor confianza en sí mismo y actuaba con la astucia y seguridad de un chimila.

Fredy esperaba con ansiedad el viernes. Pasaron sábado, domingo, lunes, martes. Ya no soportaba más la espera. Las aguas de la laguna lo llamaban. Un cosquilleo en las manos y un estiramiento en el corazón le impedían el sosiego.

Decidido tomó la caja y salió. La soledad y el silencio no lo asombraron en absoluto. Al iniciar el ascenso a la sierra, algo saltó de la maleza. Fredy lo tomó como un mal augurio. Intentó regresar. Caminó unos 20 metros. No pudo. Los pies no le obedecían.

Retomó el camino a la laguna. Aligeró el paso. Llegó envuelto en una tarde gris. Se ubicó a un lado de la roca y empezó a tocar la caja. De pronto, las aguas se partieron en dos. De sus entrañas brotó la sirena. Posó un momento en el aire para que Fredy la apreciara en toda su belleza por encima de la superficie del agua, y cayó en las profundidades de la laguna. Con el impacto, el agua quisquillosa y esquiva saltó formando un florero que salpicó a Fredy con uno de los ramos. La melodía cesó. La sirena apareció en la orilla. Cerca al lugar donde se encontraba Fredy, asomó su rostro de tristeza.

—… Dormía. El rítmico movimiento de tus manos me despertó —… dijo la sirena.

—… Disculpa, pasaba por aquí y arrimé
—… se excusó Fredy.

—… Te agradezco que hayas venido.
Tu música combate mi tristeza.

—… Hoy no es viernes.

—… No importa. Toca, toca siempre
para mí.

Fredy tomó la caja entre sus piernas y tocó hasta cuando el sol pintó la tarde de amarillo rojizo. La sirena lo acompañó con su canto triste. Luego desapareció. Fredy determinó marcharse. La sirena lo esperaba en la otra orilla. Dos lágrimas corrieron por sus mejillas.

—… Vuelve mañana —… le rogó.

—… Mañana no es viernes —… justificó Fredy.

—… No importa. Necesito que me ayudes a combatir la tristeza.

Fredy siguió asistiendo todas las tardes a la insólita cita, menos los viernes. Con placer inmenso compartía dos horas de diálogo y música con la sirena. Entre ellos nació una sólida amistad y mutuamente se contaban sus desvelos.

—… Debo conseguir un acordeón. A eso vine a estas tierras —… reiteró Fredy.

—… Aquí lo conseguirás —… dijo con seguridad la sirena.

Fredy no se animó mucho. La sirena vio la duda en su mirada.

—… Cree en mí. Lo conseguirás.

—… ¿Cuándo?

—… El Viernes Santo.

—… ¿Cómo?

La sirena se acercó a Fredy. Casi le tocaba la pierna con la barbilla.

—… Debes esperar el Viernes Santo. Tomas una sábana blanca. A las doce en punto cuando los espíritus, buenos y malos, salen a caminar sus penas, llegas debajo de uno de los higuerones que crecen en cualquiera de los arroyos que bañan al valle. Tu misión es tomar la flor de este árbol. Si lo logras, podrás obtener lo que quieras.

—… ¿Y la sábana para qué es? —… preguntó Fredy inquieto.

—… Es tu única arma.

Las citas siguieron igual. La música y los diálogos también, pero no se trató más el asunto del acordeón. Sin embargo la idea de buscar la flor del higuerón el Viernes Santo no dejó de rondar por la cabeza de Fredy.

# Viernes Santo

Fredy flotaba boca arriba, en medio de dos sábanas blancas. La que servía de sostén, le cubría la cabeza. La otra lo arropaba desde los pies hasta el cuello. Las sábanas ascendían con rapidez. Se detenían. Descendían. Otra vez subían. El calor lo asfixiaba. Hizo fuerza para mover la mano derecha y librarse de la sábana que tenía encima. No tuvo éxito.

Las sábanas se detuvieron. Dos nubes grises, armadas con tenazas, se dirigían hacia él. Intentó mover las piernas para provocar el ascenso de las sábanas y eludir las nubes. Nada. Las dos nubes atacaron su cuello. Aprisionaron fuerte y con las tenazas buscaban su yugular para succionarle la sangre. Hizo un nuevo intento por mover los brazos con fuerza. Ahora lo logró. Tomó las dos nubes y con desesperación las tiró hacia abajo.

Las tenazas se incrustaron en las nubes y estas, inertes, cayeron verticalmente. Al estrellarse contra el suelo formaron una laguna.

Las violentas sacudidas del corazón de Fredy hacían bailotear su envoltorio blanco. Fredy contrajo el abdomen para recuperar el equilibrio. Hubo quietud absoluta. Tiró con brusquedad las piernas a un lado. Las sábanas giraron 180 grados. La de arriba quedó abajo. La de abajo quedó arriba y el cuerpo quedó bocabajo. De repente las sábanas volvieron a descender, esta vez a una mayor velocidad.

La laguna formada por las nubes estaba allí abajo. Expectante frente a los acontecimientos que se desarrollaban en el espacio, Fredy veía cómo el destino lo conducía a esa porción de agua indolente. Tal vez la misión de las sábanas consistía en servir de mortaja para guardar eternamente en el vientre de la laguna ese cuerpo inocente y soñador.

La hora se acercaba, la laguna lo esperaba. A tres metros de distancia, hizo un último esfuerzo por liberarse o desviar el descenso hacia otro lado. De repente quedó sentado en la cama. Se frotó los ojos con el dorso de la mano. La luz del día penetró por las claraboyas.

El esperado Viernes Santo saludaba con cierta melancolía. Los pájaros no cantaban. Dieron oportunidad a las chicharras para que anunciaran que la Semana Santa se afianzaba en su punto más alto.

Fredy salió a pasear su impaciencia. El chillido de las chicharras le pegó de costado en el rostro y afectó sus oídos. En la calle, los niños vestidos de nuevo y de colores encendidos, con sonrisas y divertidos juegos, pretendían hacerle trampa al letargo existente, pero el sol, con su tinte amarillo agónico, ya había dispuesto que ese sería un día afectado por la tristeza.

Los hombres, en las terrazas o debajo de los árboles vecinos, le daban aplausos al ocio. Alrededor de una mesa, las manos iban y venían repartiendo las cartas de la baraja o sosteniendo las fichas de dominó, esperando la jugada maestra..

Al fin la monotonía se devoró al día. Llegó la noche. La luna dormía su pereza y en el cielo las estrellas jugaban a las escondidas. Todo lucía tranquilo, menos el corazón de Fredy que sin control saltaba como las aguas de un mar agitado.

La noche se apoderó a plenitud del contorno y sin obstáculos reinaba a sus anchas. Fredy salió por un estrecho camino que lo conduciría al río Cesar, donde un higuerón a unos cuatro kilómetros lo aguardaba lleno de misterios. Después de haber andado poco menos de un kilómetro, un niño se atravesó en su camino. El temor inundó la cabeza de Fredy.

—… ¿Papi, lo acompaño?—… preguntó el niño.

—… Sí, hijo, como tú quieras —… respondió Fredy.

El niño siguió a su lado. Fredy se tranquilizó.

—… Papi, me está saliendo un diente —… dijo el niño.

Fredy no contestó.

—… Papi, me están creciendo las uñas.

Fredy quiso salir corriendo y olvidarse de todo. Pero ya era tarde para eso. Faltaba menos para llegar que para retroceder.

—… Papi, estoy creciendo —… dijo el acompañante que había dejado de ser niño.

Fredy no pudo creer lo que veía. A su lado un hombre de su misma estatura seguía hablándole. En la oscuridad tropezó con dos palos que casi lo tumban. Se inclinó y los recogió. Pensó golpear al intruso pero cambió de parecer. Rápidamente amarró los palos en forma de cruz con las sábanas. Al ver la cruz, el extraño salió corriendo y con estrépito se desplomó por una hendidura fosforescente que se abrió en la tierra.

Fredy siguió continuó su camino. No se había recuperado del susto todavía, cuando se le presentó un toro negro. Los cuernos le relumbraban en la oscuridad. Sin más preámbulos el toro embistió. Fredy lo burló con la sábana blanca, una, dos, tres… veces. La improvisada faena duró casi media hora. Al final, el toro cayó tendido en la mitad del camino.

Poco antes de las doce de la noche, el muchacho llegó al higuerón. Tendió la sábana al pie del árbol y esperó. Minutos después escuchó el llanto de varias personas que venía de diferentes direcciones. Lloraban con desespero, con un dolor intenso que les salía de lo más profundo del ser. De pronto, se escuchó un golpe seco. Algo cayó en la sábana. Fredy buscó y buscó a tientas. Acarició la flor con los dedos, la recogió y se fue corriendo.

Hizo un alto a mitad de camino. "¿Qué puedo hacer con esta flor?", pensó. "¿Cómo conseguir el acordeón con esta flor?". La acarició contra su pecho. Inmediatamente observó a la distancia a dos enanos. Estaban iluminados desde adentro como bombillas eléctricas. A medida que se acercaban todo se iluminaba a su alrededor. Gracias a esa luz misteriosa, Fredy pudo ver que entre los dos cargaban un acordeón. Fredy no caminó más. Con los ojos bien abiertos se quedó a la expectativa. La luz de los enanos aumentó. Parecía de día. Los dos enanos se pararon frente a Fredy y le extendieron el acordeón.

Es tuyo, cuídalo —… le dijeron.

Fredy cayó de espaldas, inconsciente. Recobró el conocimiento al amanecer, en su cama, con el acordeón de los enanos en la cabecera.

# El regreso de Pedro Batata

La alegría es el estado de gracia en que el corazón y el alma andan sueltos, disfrutando de los lugares más hermosos de la existencia y en el cuerpo se siente como una música interior que nos mantiene en un mundo de fantasías.

Fredy quería manifestar su alegría a Pedro Batata. Tomó el acordeón. Lo examinó. Lo abrió y lo cerró. El instrumento gimió entre sus manos. Comprobó que era de verdad. Se lo echó al pecho y salió para la bonga con la esperanza, tal vez remota, de que por allí pasaría el maestro.

La bonga lo saludó con su habitual alborozo de ramas y hojas. Fredy se sentó en las raíces a esperar. Un instante tocaba la caja con maestría y al rato el acordeón con una nota monocorde.

La mañana pasó en medio de un sol débil y esquivo. En un momento tres nubes grises que paseaban su agonía lo anularon por completo. El aire se enturbió de negro. Las gotas gruesas y frías empezaron a caer. La bonga se estremeció con furia. Fredy no se movió.

Por más de dos horas las nubes saciaron sus ansias de morirse. Medio cielo se descongeló, volcándose a la tierra. Personas y animales huyeron de la lluvia. Fredy esperó debajo de la bonga. De pronto vio a Pedro Batata envuelto en la densidad de la tarde. No venía sobre la bestia, flotaba en el aire. Vestía todo de blanco. Avanzaba con solemnidad.

—… Maestro, maestro, tengo el acordeón
que quería —… gritó Fredy con alegría, corriendo hacia él.

Pedro Batata desapareció. Fredy se frotó los ojos. Pedro Batata volvió a aparecer.

—… Maestro, no se vaya, quiero decirle
que el acordeón es mío.

—… No te me acerques —… dijo Pedro
Batata. Su voz sonó hueca y quejumbrosa.

El viejo tomó la caja y dio inicio al más refinado concierto. En el ir y venir sobre el cuero, sus manos semejaban un abanico abierto. El sonido retumbaba en las faldas de los cerros vecinos. Fredy lo imitó y, en adelante, sólo se preocuparon por ver quién quebraba mejor el silencio.

Emocionado y sorprendido, observaba el movimiento de dedos y manos de su maestro y después intentaba imitarlo. La diferencia era abismal. Tocaron hasta la media noche sin parar. De pronto, Pedro Batata dio media vuelta y se introdujo por una hilera de árboles que limitaban el recuerdo de lo que había sido un camino. Iba doblado sobre el acordeón. Casi agachado y con una expresión de dolor en el rostro. La fuerza de las notas estremecía y deshojaba los árboles. El lugar se sumió en la más completa oscuridad. La música cesó de golpe y las notas, como un trueno, retumbaron al otro lado del mundo. Esa noche, con la agilidad de sus dedos y la magia de Pedro Batata, Fredy aprendió a tocar el acordeón.

El domingo descansó y el lunes temprano salió para la laguna de Navova. Una vez llegó, abrió el acordeón para que expulsara toda la música que llevaba en sus fuelles. La sirena llegó a la orilla fatigada e impaciente.

—… Te esperaba desde ayer —… dijo.

—… No pude venir antes, fueron días y noches muy agitadas —… se excusó Fredy.

—… Tienes lo que querías. Eres un valiente. Ahora toca para mí. Tus notas aliviarán mis penas.

Desde entonces Fredy se entregó por completo al arte del acordeón para brindar todos los días sus alegres notas a la sirena. Ella con su canto le ayudaba a perfeccionarse como músico.

Algún tiempo después conoció a dos de los más destacados juglares del país: Emiliano Zuleta y Alejo Durán. Emiliano tenía 85 años. Muy joven adquirió su primer acordeón, hurtándoselo a su propio tío. Para evitar problemas con la madre y el tío, se escondió durante veinte días aguantando hambre y sed, al cabo de los cuales regresó para brindarles una serenata de desagravio. Tan bien tocó que fue perdonado.

Alejo, por su parte, era un campesino que se había criado en contacto directo con la naturaleza, así que la hermosura de los paisajes de esas tierras se le había incrustado en el alma. La manera que encontró para retransmitir toda esa belleza que llevaba por dentro fue la música. Alejo trabajó inicialmente como corralero, luego como vaquero y más tarde se dedicó a repartir el sabor de su acordeón por diferentes partes del mundo.

Fredy consolidó su estilo con base en estos juglares. De Emiliano y de su hijo Emilianito, tomó la nitidez, la alegría y la rapidez en la nota; y de Alejo, el excelente dominio de los bajos, convirtiéndose pronto en uno de los acordeonistas más admirados del país.

# El rescate de la sirena

El nombre de Fredy recorría emisoras y periódicos locales y nacionales. En los festivales de acordeón de Sahagún, Ayapel, Chinú, Sincelejo, Arjona, Montelíbano, San Andrés Isla y San Juan, se había batido en franco duelo musical con los más sobresalientes acordeonistas, venciéndolos a todos.

Pese a la fama, Fredy no dejaba de visitar a la sirena, aunque cada vez con menor frecuencia. Una tarde alegre y florida llegó a orillas de la laguna. La sirena recostó su rostro en su rodilla. Las lágrimas rodaron por la pierna y cayeron.

—… Ahora eres un buen músico, pero me tienes abandonada —… dijo la sirena.

—… Disculpa mi ingratitud. No volverá a suceder.

—… Mi tristeza crece el día que no escucho tu música.

—… Te ayudaré, pídeme lo que quieras.

—… Toca, toca siempre para mí, hasta cuando tus manos ya no puedan más.

—… Recuperaré el tiempo que dejé de dedicarte.

Fredy abrió el acordeón y empezó a tocar con amor, con fuerza, con ganas, con premura, como si tuviera una llama encendida en las manos. Todo el ambiente se inundó de música. El viento tomó un olor a música y hasta el aire que se respiraba iba salpicado de música. La sirena por primera vez mostró una sonrisa y comprendió que en adelante no iba a poder vivir sin esas melodías que le refrescaban las ganas de volver a ser mujer.

Fredy tocó cuatro días y cuatro noches sin parar. En la agonía de la cuarta noche la sirena cantaba y reía a carcajadas. De pronto saltó y se lanzó al agua. Fredy continuó. La sirena mostró un rostro de alegría por encima de la superficie del agua y con un improvisado vestido de algas salió caminando del agua. Fredy tiró el acordeón al suelo y la esperó con los brazos abiertos. Abrazados lloraron largo rato.

—… ¡Gracias, gracias! ¡Soy libre, soy libre!
—… gritaba la hermosa mujer pegada al cuello de Fredy.

Fredy y la joven Mariabé regresaron a casa, escondidos en la neblina —… del amanecer. La madre enloqueció de alegría.

Después de una semana de arrullos y mimos entre madre e hija, la señora dispuso construir un balcón frente a la plaza principal para que la hija se distrajera observando la panorámica exterior y olvidara del todo la tristeza pasada.

Sin embargo, la joven algunas veces soñaba con fantasmas que la atormentaban. La madre, un poco angustiada, pidió a Fredy que tocara todas las tardes a la consentida Mariabé, para que pudiera olvidar su tormento. Fredy tocó de tarde en tarde. La joven sonreía y gozaba con esas hermosas notas y empezó a soñar con pajaritos de colores que la transportaban al cielo.

# Duelo bajo el balcón

Una tarde que Fredy le tocaba a la consentida Mariabé, llegó un hombre negro, alto y serio. Muchos lo conocían como el brujo Miguel Simón. Andaba por ahí sin detenerse en ninguna parte y sin hablar con nadie. Otros lo llamaban el rey Miguel Simón por su virtuosismo con el acordeón. Tenía incrustado en los brazos los niños en cruz que lo hacían invencible en cualquier lid. En esta oportunidad si habló, pero muy poco. Se paró frente a Fredy.

—… Quiero tocar para esa hermosa niña
—… dijo.
—… Sólo quiero escuchar la música de

Fredy. Es el mejor —… respondió la consentida Mariabé.

El Negro Miguel Simón sonrió con sarcasmo, y fue la única vez que le vieron sonreír, y a través de esa sonrisa dejó ver sus finos dientes de fiera. Después, la sonrisa se apagó entre sus gruesos labios.

—… Eso hay que verlo. Aunque no participo en festivales, yo soy el rey del acordeón. Si quieren, ahora mismo puedo demostrarlo —… dijo el Negro Miguel Simón.

—… Por mí no hay ningún inconveniente, puedo competir ahora mismo —… respondió Fredy.

—… Si gano, seré yo quien venga a tocar todos los días para la hermosa niña —… propuso el Negro Miguel Simón.

—… Acepto —… respondió la consentida Mariabé—… , pero el duelo será mañana y el público hará de jurado.

—… Acepto —… dijo el brujo Miguel Simón desapareciendo al instante.

A la hora fijada, ya el Negro Miguel Simón estaba frente al balcón, dispuesto a ganarse el derecho de tocar por siempre para la consentida Mariabé. En la plaza principal la muchedumbre gritaba, discutía, apostaba. Alguien sonó una trompeta. El público hizo absoluto silencio.

El Negro Miguel Simón entreabrió la boca y enseguida comenzó a tocar. La música le cayó a todos de golpe. El Negro era sensacional con el acordeón. Parecía que de sus dientes también salía música. La melodía tomó cada vez más fuerza y fue extendiéndose y multiplicándose hasta formar un oleaje que estremecía a los cuerpos, que llenaban la plaza y los tambaleaba con la potencia de un huracán, y todos tuvieron que agarrarse unos a otros para no ser arrastrados por ese corrientazo de música. Tocó por espacio de veinte minutos que fueron como un temblor de tierra. Después del torrencial aguacero de notas, la gente aplaudió con creces.

A estas alturas, ya nadie pensaba que Fredy pudiera tocar. Pero antes de que el Negro Miguel Simón terminara de bajarse del pretil, ya estaba allí, ansioso de tocar para la consentida Mariabé. Cuando Fredy abrió el acordeón fue como si explotara un volcán de música. Los rayos de sol ya agonizantes brillaban en su instrumento y las distintas tonalidades que brotaban se convertían en un manantial de música que se confundía con los rayos del sol, formando un hermoso arco iris. Que estaba allí. Que se podía palpar. Que se podía probar. Entonces todos comprendieron que la música también tiene color. Y también tiene sabor. Y con la música extraída por sus manos mágicas, Fredy quería pintar paisajes en el aire y dibujar el rostro sonriente de la consentida Mariabé en todos los corazones presentes. Fredy tocó hasta lograr cambiar las nubes de color y obligar al cielo a mostrar sus estrellas encendidas.

La ovación del público fue inigualable en medio de gritos de rey, rey, rey. La consentida Mariabé, llorando de alegría, bajó de su balcón. Besó a

Fredy en la mejilla y le pidió que por siempre siguiera tocando para ella. El Negro Miguel Simón salió silencioso y cabizbajo, pero con el deseo de venganza reflejado en sus ojos de candela.

# La venganza de Miguel Simón

Al día siguiente la consentida Mariabé amaneció con una rosa roja en el corazón. Durante toda la tarde esperó a Fredy sentada en su balcón, tejiendo un sombrero alón con la palabra Rey dibujada en la copa. El rey no pudo llegar, pues cuando acudía a espantar los fantasmas que atormentaban a la consentida Mariabé, una brisa caliente se arremolinó a su alrededor. Papeles y hojas secas circularon. Fredy quedó en el aire circulando al compás de la brisa. Muchos notaron la adversidad y corrieron a rescatarlo, pero fue tarde. Al llegar al lugar, ya volaba en medio de ese endemoniado remolino que con furia siguió alejándose y elevándose. Elevándose y alejándose, alejándose, alejándose, alejándose en la infinidad del espacio.

El periodista Omar Aldana fue el primero en divulgar la noticia de la desaparición de Fredy. Su letra y su voz volaron, como puñados de palomas mensajeras, a sembrar la semilla de la información, encontrando tierra fértil en el País de los chimilas y otras partes del continente. Los aficionados a la música vallenata andaban preocupados y la consentida Mariabé se refugió en su habitación, huyéndole al retorno de los fantasmas que la atormentaban.

La noticia no demoró en llegar a Barají. En la esquina de Carmen Milo se estacionó, aún reciente, fresca y lista para ser servida a un pueblo donde las malas noticias, de boca en boca, como una pelota de béisbol picaban y se extendían.

En Barají, pronto, todos estuvieron enterados, y todos quisieron quitar el óxido a la memoria para recordar con exactitud al jovenzuelo que, años atrás, robaba el silencio a las noches con una caja rústica, y que, escondiéndose en el mismo silencio que combatía, viajó a otras tierras a buscar el acordeón de sus sueños.

Wilson El Choncha Tous, El Tom Castaño, El Berna Jaraba, El Vicky Otero, El Puyita Flórez, El Yiyo Salgado y El Nene Otero, amigos de cometas y de trompos de Fredy, comisionaron a Rafael Mercado, sagaz abogado con visos detectivescos, para viajar al país de los chimilas y de cuerpo presente encargarse de la búsqueda de Fredy.

Recibieron a Rafael Mercado con mucha expectativa. Solicitó datos que cuidadosamente anotaba en una libreta. ¿Por dónde caminaba Fredy? ¿Cuál fue la última vez que lo vieron? ¿De dónde salió el remolino? ¿Por qué lado se lo llevó? ¿Cómo era la brisa? Después subió al balcón de la consentida Mariabé. Sacó del ejecutivo unos binóculos. Giró a izquierda y derecha, acercando hacia sus ojos el espectáculo artístico que la naturaleza le ofrecía. A la distancia una bandada de pájaros que cruzaban de sur a norte, mancharon el azul del cielo. Rafael Mercado bajó los binóculos. Al frente la multitud esperaba. Era el tercer día de búsqueda.

—… Iremos hacia allá —… dijo Rafael Mercado, señalando al Norte. Sin embargo, un grupo debe buscar por el Sur.

Rafael Mercado, binóculos en mano, se dirigió al Norte. Muchos lo siguieron. Pocos se dirigieron al Sur. Caminaron media hora. Los animales saltaban de los matorrales. Caminaron una hora. Las falsas visiones renacían y apagaban esperanzas. Caminaron dos horas. De pronto, sonidos extraños paralizaron la marcha. Caminaron tres horas. Una bandada de pájaros levantó el vuelo de un palo de cañahuate florido. Rafael Mercado corrió. Allí estaba Fredy tendido en ese playón solitario. Desvalido y con rasguños por todo el cuerpo.

Llevaron a Fredy en medio de una gran algarabía, pero no hablaba ni movía las manos. Pasaba todo el día sentado en una mecedora, mirando hacia el horizonte, como embrujado. Transcurrió un mes sin que se notase mejoría en él Entonces Rafael Mercado resolvió llevarlo al Valle de Aburrá, donde vivía un mago exorcista a quien lo único que le faltaba hacer era resucitar a los muertos. Atravesaron ríos, pueblos y montañas. La vía, en medio de precipicios y elevaciones de terreno, se encogía y se estiraba, descendiendo y ascendiendo. Al fin vino una bajada prolongada y llegaron.

Encontraron al mago en la soledad de una especie de castillo grande y misterioso. Examinó a Fredy con detenimiento. Al tropezarse con su mirada extraviada en el vacío, diagnosticó.

—… Es un caso difícil.

—… Si lo salva, salva usted a un pueblo que vive al compás de su música —… dijo Rafael Mercado.

—… Haré lo posible —… prometió el mago.

Después de dos meses, Fredy regresó mejor del Valle de Aburrá. Hablaba. Movía las manos, mas no podía tocar el acordeón.

Rafael Mercado explicó a todos la especial recomendación del mago para una recuperación rápida y definitiva: cantidades de amor untadas con copos de nubes y flores rojas, además de una buena dosis de cariño entre los pétalos. Entonces cada quien, de diferentes maneras, subió a la sierra a alcanzar gruesos copos de nubes, y de jardines propios y ajenos recogieron muchas flores rojas. El país de los chimilas se convirtió en un interminable desfile de amor y de nubes, de flores rojas y cariño hacia el corazón y el alma de Fredy.

Tanto hubo que pronto comenzó a tocar como antes, y mejor que antes, pero Barají, su pueblo natal también lo reclamaba. Los mensajes que llegaban eran insistentes, desesperantes, imploradores. Querían oír su música, tocarlo, sentirlo vivo, ver el movimiento de sus dedos mágicos extrayendo música de ese instrumento que en sus manos gemía, lloraba, reía, gritaba y cantaba como si tuviera un enjambre de pájaros por dentro.

—… Debo regresar a mi tierra. Mi gente quiere verme —… confesó Fredy a la consentida Mariabé.

—… Tu gente y tu tierra también es ésta. ¿Piensas regresar algún día? —… preguntó la consentida Mariabé. Su voz era mitad llanto.

—… No lo sé —… dudó Fredy acongojado.

La consentida Mariabé levantó el sombrero alón con la palabra Rey dibujada por sus propias manos. Se lo mostró a todos. Se lo colocó a Fredy y se introdujo en la habitación a ahogarse en su propio mar de lágrimas. El público aclamó toda la noche a Fredy como Rey Vallenato. En la madrugada partió para Barají.

Esa tarde en Barají todos se aglomeraron a la entrada del pueblo a esperar con pancartas, pasacalles y gritos de "Bienvenido Rey", "Bienvenido

Rey". La lluvia también se hizo presente. Nadie se movió. A pesar de insistir en varias oportunidades, la neutralizaron con paraguas, sombreros, pitos y aplausos.

Fredy llegó al anochecer. La luna, henchida de luz y alegría, iluminó su sonrisa de triunfador, comprobando los presentes que era el mismo muchacho cejudo, flaco y alto que se fue, sólo que ahora estaba más crecido y con mayores soles acumulados en el rostro. Todos querían tocarlo y cargarlo tratando de descubrir dónde guardaba la monstruosidad artística que muy bien escondía en su humildad y sencillez característica.

Desde la entrada del pueblo se organizó un desfile hasta la plazoleta principal. Fredy iba de un hombro a otro. Ojos llenos de dicha y complicidad se asomaron por puertas y ventanas, y las calles, todavía mojadas, supieron que las pisadas que atravesaban sus espaldas no tenían la misma monotonía de siempre.

En la plaza principal Fredy abrió el acordeón para demostrar por qué hacía soñar a la consentida Mariabé con pajaritos de colores que la transportaban al cielo y por qué derrotó al temible brujo Miguel Simón en su propia tierra, el país de los chimilas. Tocó con elegancia y hermosura como siempre, y mucho mejor. Y todos sintieron que el corazón les crecía cada vez más, más y más y la cabeza se les llenaba con algo extraño que los mantenía a punto de enloquecer, con esas notas fantásticas que los transportaba a un mundo diferente. A un mundo maravilloso. A un mundo de felicidad. A un mundo inventado por la música.